Pour Ella

L'auteur remercie la Communauté française pour son soutien

Loi 49956 du 16 juillet 1949,
sur les publications destinées à la jeunesse.
Dépôt légal : décembre 2007
ISBN 978-2-211-08639-4

Mise en pages : *Architexte*, Bruxelles
Photogravure : *Media Process*, Bruxelles
Imprimé en Belgique par *Daneels*

Michel Van Zeveren

Et pourquoi ?

Pastel
l'école des loisirs

Ce matin, le petit chaperon rouge
se rend chez sa mère-grand…

Quand tout à coup, un grand méchant loup
lui tombe dessus.

Rhââââ !
Je vais te manger !

Et pourquoi ?

Comment ça, pourquoi ?
Parce que j'ai faim, tiens !

Et pourquoi ?

Ah! ben, euh... parce que je ne me suis rien mis sous la dent depuis des jours et des nuits...

Et pourquoi?

Parce que je ne peux plus chasser tranquillement !

Et pourquoi ?

Parce que je dois me cacher
tout le temps!

Et pourquoi ?

Parce qu'un chasseur est
à mes trousses !

Et pourquoi ?

Pour me faire la peau !

Et pourquoi ?

Pour la vendre à un marchand !

Et pourquoi ?

Pour en faire un manteau
de fourrure !

Et pourquoi ?

Parce que !

dit le loup qui, à bout de patience,

avale le petit chaperon rouge
d'un coup !

Aaaaah… Maintenant, je vais faire une petite sieste…

Et pourquoi ?

Oh ! nooon...
Tu ne vas pas recommencer...

Et pourquoi ?

Est-ce que tu vas t'arrêter ?
Je n'en peux plus…

Si c'est comme ça, je vais chez le chasseur...

Et pourquoi ?

Pour lui prendre son couteau !

Et pourquoi ?

Pour m'ouvrir le ventre !

Mais cette fois, à sa grande surprise,
le loup n'a pas le temps de répondre...

Hum !

Je me demande pourquoi il a fait ça,
dit le chasseur…

Moi, je sais pourquoi !

dit le petit chaperon rouge en sortant
du ventre du loup.